AF429984